책곰이 안내문

하나. 책장 끝을 접어 보자.
  끝까지 한 번에 읽지 않아도 돼.

둘. 소리 내서 읽어 보자. 틀려도 괜찮아.

셋. 모르는 단어가 나오면 무슨 뜻일지 상상해 보자.
  책을 다 읽은 뒤에는 단어장을 확인해 볼까.

 ## 읽기 독립을 준비하는 어린이 독자에게

어릴 때는 부모님과 함께 그림책을 읽었지요? 요즘 책 읽기가 힘들다고 느끼나요? 조그만 종이에 그림은 적고 글자는 많은 책을 읽으려니 당연히 힘들 거예요.

너무 어렵거나 재미없는 책은 펼치지 않아도 돼요. 일단 재미있는 책을 찾아보세요. 책 한 권을 한 번에 다 읽지 않아도 돼요. 한 쪽씩, 몇 문장씩만 읽어도 괜찮아요. 재미있으면 다음번에는 한 쪽만 더 읽어 보세요. 그러다 보면 어느새 한 권을 다 읽게 될 거예요. 좋은 책에는 그런 마법 같은 힘이 있거든요. 그렇게 한 걸음씩 '힘센 독자'가 되는 거랍니다.

책을 읽다가 모르는 낱말이 나오면 어떻게 하나요? 부모님께 뜻을 묻는 친구도 있고, 어렵다고 책을 덮어 버리는 친구도 있겠지요. 이때 가장 좋은 방법은 '이 낱말은 무슨 뜻일까?' 하고 궁금해하는 거예요. 낱말 앞뒤에 놓인 이야기를 읽고, 그 뜻을 헤아려 보는 것이지요. 그렇게 계속 읽다 보면 내 생각이 맞는지 확인할 수 있어요.

그러고 나서 어른들에게 낱말 뜻을 물어보거나, 사전을 찾아보아도 좋아요. 앞으로 생활하면서 그 낱말을 꼭 다시 만나게 될 거예요. 책에서 처음 본 낱말을 여러 번 만나다 보면, 그 낱말은 내 낱말이 된답니다. 책을 꾸준히 읽으면 낱말 부자가 될 수 있어요.

책을 읽을 때 한 쪽씩은 소리 내어 읽어 보세요. 자꾸자꾸 소리 내어 읽다 보면 틀리지 않고 또박또박, 느낌까지 살려 읽을 수 있게 되지요. 그게 다가 아니에요. 읽는 힘이 세지면, 내용을 이해하기도 더 쉬워진답니다. 한 글자 한 글자 바르게 읽어 내는 데 힘을 많이 쏟지 않아도 되니까요.

책을 읽으면 생각하는 힘도 쑥쑥 자라요. 독서는 우리 뇌를 고루고루 튼튼하게 만드는 아주 좋은 운동이거든요. '왜 이런 일이 생겼을까?', '그래서 이렇게 되었구나!', '이런 뜻이 맞을까?', '다음에는 어떤 일이 벌어질까?'처럼 계속 생각하며 읽는 것이 좋아요. 일부러 노력하지 않아도 괜찮아요. 정말 재미난 책을 만나면 저절로 그렇게 될 거예요.

내 힘으로 책 한 권을 읽으면, 책을 읽기 전과는 다른 사람이 됩니다. 그 놀라운 여행을 시작해 보세요. 앞으로 여러분은 얼마나 더 멋진 사람이 될까요?

서울대학교 아동가족학과 교수 **최나야**

글 **송승주**

향기 좋은 차를 마시면서 재미있는 책을 읽는 걸 좋아해요. 재미 두 스푼에 감동 한 스푼이 녹아 있는 이야기를 발견하면, 그날 하루는 신이 납니다. 대학에서 프랑스 문학을 공부했고, 출판사에서 편집자로 일하다가 어린이책을 쓰게 되었어요. 그동안 쓴 책으로 《3월이 방학인 학교》, 《변신 비누》, 《나만 없어, 토끼폰!》, 《똑 부러지게 결정 반지》, 《뭐든 뚝딱 금손 반지》, 《똑똑똑, 야옹이 교실》, 《으악, 큰일 났다!》 들이 있어요.

그림 **강혜영**

대학에서 공예를 공부했어요. 마음을 움직이는 이야기를 그림으로 그리고 따뜻한 색을 입히며, 언제나 '그림 그리는 사람'으로 남았으면 좋겠습니다. 쓰고 그린 책으로 《할머니와 봄의 정원》, 《할머니와 여름 텃밭》이 있어요.

일기! 어떻게 써?

송승주 글 • 강혜영 그림

어느 날 아침,
구구 아저씨가 수리수리를 찾아왔어요.
아저씨는 **헉헉** 숨을 몰아쉬었지요.
"에고, 바쁘다 바빠. 수리수리야,
지난번에 도와주어서 정말 고마워.
이거는 너한테 주는 선물이야.
여기에 매일매일 일기를 쓰렴."

"고마워요, 구구 아저씨. 그런데 일기가……."
이런, 구구 아저씨가 **포르르** 날아가 버렸어요.
수리수리는 말을 끝내지도 못했는데요.
오늘도 배달할 편지가 아주 많은가 봐요.

선물은 연잎에 곱게 싸여 있었어요.
포장을 풀었더니, 공책이 나왔어요.
표지에 '수리수리 일기장'이라고 쓰여 있었지요.
수리수리는 **갸우뚱갸우뚱** 고개를 기울였어요.
"일기가 도대체 뭐지? 일기는 어떻게 쓰는 거야?"

수리수리는 짹짹이 집으로 갔어요.

짹짹이는 여기저기 다니면서

이야기하는 것을 좋아하거든요.

그러니까 일기 쓰는 방법도 알 것 같았지요.

수리수리가 짹짹이에게 일기장을 보여 주었어요.

그러자 짹짹이는 자신 있게 입을 열었어요.

"일기는…… 일기는…… 그래!

일기는 밤에 쓰는 거야."

"밤에 쓰는 거라고? 밤에 뭐를 써?"

수리수리가 물었어요.

깜빡깜빡. 짹짹이는 한참 눈만 깜빡였지요.

"음…… 밤이 되면 알 수 있겠지?

그래, 밤이 되면 틀림없이 쓸 것이 생각날 거야."

밤이 되었어요.

수리수리는 책상 앞에 앉았어요.

일기장에 쓸 것이 생각나기를 기다렸지요.

그런데 아무리 생각해도 모르겠어요.

무엇을 써야 할지 떠오르지 않아요.

그때 누가 문을 두드렸어요.

수리수리는 얼른 아래로 내려갔지요.

"누구세요?"

"수리수리야, 오소리 아줌마야."

문 앞에 오소리 아줌마가 서 있었어요.
아줌마 얼굴과 앞치마에는
밀가루 반죽이 잔뜩 묻어 있었지요.
"아, 수리수리야, 다행이다. 집에 있었구나.
오늘 밤에 쿠키 배달을 도와줄 수 있니?
아줌마가 지금 너무 바쁘거든."
수리수리는 고개를 저었어요.
"죄송해요, 오소리 아줌마.
오늘 제가 아주 중요한 일을 해야 하거든요."
오소리 아줌마는 집으로 돌아갔어요.

수리수리는 다시 책상에 앉았어요.
일기장에 뭐라고 쓸지 생각했지요.
"아…… 맞다!"
갑자기 수리수리가 손뼉을 **짝** 쳤어요.
드디어 쓸 것이 떠올랐나 봐요.
"이마에 하얀 띠를 두르면 생각날지도 몰라."
수리수리는 옷장을 구석구석 뒤졌어요.
하얀 띠는 맨 위 칸 상자에 들어 있었어요.
"찾았다, 하얀 띠!"

수리수리가 이마에 하얀 띠를 **질끈** 묶었어요.
그런데 바닥에 널브러진 옷과 모자,
엉망이 된 옷장이 보였지요.
"에휴, 정리부터 해야겠다."
수리수리는 옷을 **차곡차곡** 개었어요.

옷장을 정리하고, 책상에 앉았지요.
이마에 하얀 띠를 두르니까
생각이 **마구마구** 떠오르는 것 같아요.
"아, 그래!"
수리수리 눈이 **반짝반짝** 빛났어요.
이제 진짜 일기를 쓰려나 봐요.

"일기를 잘 쓰려면 연필을 뾰족하게 깎아야지!"
수리수리는 연필깎이를 가져왔어요.
연필도 있는 대로 다 가져다 놓았지요.
"어떤 연필이 좋을까? 그래, 모두 깎아 놓자."
수리수리는 연필을 깎았어요.
그리고 나서는 다시 생각에 잠겼지요.
그런데 눈꺼풀이 **스르르 스르르** 자꾸만 감겨요.

"잠깐만 침대에 누워 볼까?
눈을 감으면 생각이 더 잘 날 거야."
수리수리는 침대에 **살포시** 누웠어요.
그러다가 **새근새근** 잠이 들고 말았지요.
밖은 어느새 환하게 밝았어요.
하지만 일기장은 아직 **텅** 비어 있었어요.

그날 오후, 짹짹이가 수리수리를 찾아왔어요.
"수리수리야, 자고 있었어? 일기는 썼어?"
"아니, 못 썼어. 밤이 되어도 뭐라고 쓸지
생각이 안 나서."
수리수리가 대답했어요.
짹짹이가 고개를 **갸우뚱** 기울였어요.
"그래? 어떻게 하지? 아, 맞다!
내 친구 꽉꽉이도 일기를 쓴다고 했어.
우리, 꽉꽉이한테 가서 물어볼까?"

"좋아. 꽉꽉이한테 가 보자!"

수리수리와 짹짹이는 꽉꽉이를 만나러 갔어요.

꽉꽉이는 연못에서 수영하고 있었어요.

짹짹이가 큰 소리로 말했어요.

"꽥꽥아, 너 일기 쓴다고 했지?
수리수리도 일기를 쓰고 싶어 하거든.
어떻게 쓰는지 가르쳐 줄 수 있어?"

그 말에 꽉꽉이가 연못 밖으로 나왔어요.
파닥파닥 물기를 털면서 말했지요.
"먼저 일기에는 그날의 날짜와 날씨를 써야 해.
그리고…… 아, 그냥 내 일기장 보여 줄까?
그러면 일기를 어떻게 쓰는지 알 수 있을 거야."
꽉꽉이는 가방에서 일기장을 꺼냈어요.
그리고 수리수리에게 보여 주었지요.
일기장에는 정말 날짜와 날씨가 적혀 있었어요.
꽉꽉이가 연못에서 헤엄치는 그림도 그려 놓았고요.

그림 아래에는 짧은 글도 써 놓았지요.

수리수리는 열심히 일기장을 들여다보았어요.

짹짹이가 수리수리에게 물었어요.
"어때, 수리수리야? 너도 이제 일기를 쓸 수 있겠지?"
"응, 일기는 이렇게 쓰는 거구나.
꽉꽉아, 알려 줘서 고마워."

수리수리는 기분이 좋아졌어요.

일기 쓰기가 쉬워 보였거든요.

그날 밤, 수리수리는 신나게 일기를 썼지요.

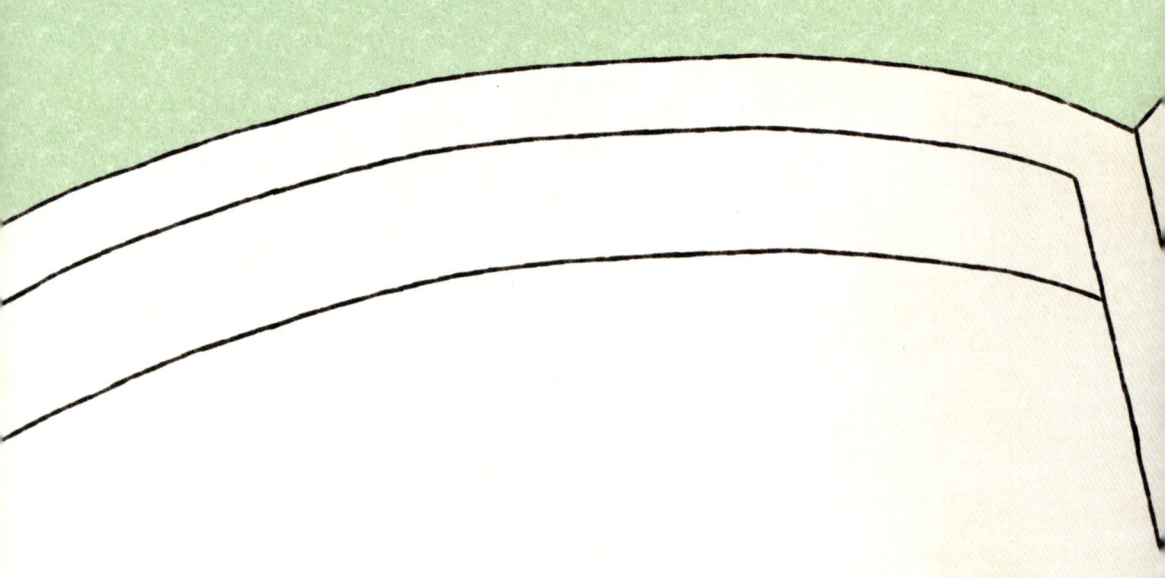

다음 날, 짹짹이가 수리수리네 집에 왔어요.
"수리수리야, 어제 일기 썼어?"
"그럼, 당연하지!"
수리수리는 당당하게 일기장을 꺼냈어요.
짹짹이가 일기장을 살펴보았어요.
고개를 **갸웃갸웃** 움직였지요.
"어, 그런데 날짜가 왜 이래?
어제가 아니고 지난주 날짜인데?"

짹짹이는 일기장을 모두 살펴보았어요.
그리고 **우렁우렁** 큰 소리로 말했지요.
"수리수리야, 이거 네 이야기 아니잖아!
너는 물놀이 싫어하면서.
이거는 꽥꽥이 일기를 그대로 따라 쓴 건데?
네 일기장에는 네 이야기를 써야지."

"아, 아무래도 그렇겠지?"
수리수리는 부끄러워서 머리를 긁적였지요.

그때 **딱딱딱** 시끄러운 소리가 들렸어요.
수리수리와 짹짹이는 밖으로 나갔어요.
딱따구리 아줌마와 아저씨가 이사를 왔나 봐요.
"안녕하세요, 저는 수리수리예요.
저기 참나무집 위층에 살아요.
이삿짐 옮기는 거 도와드릴까요?"
"어머나, 친절하기도 해라. 그렇지만 괜찮단다.
우리 남편이 엄청 힘세거든.
어머나, 여보! 그 나무를 쪼면 안 돼요!"
딱따구리 아줌마는 눈썹을 찡그리며
딱따구리 아저씨에게 소리쳤어요.

딱따구리 아줌마는 멋쟁이였어요.
목에는 화려한 진주 목걸이를 걸었고,
이삿짐 상자에는 멋진 잡지가 가득했지요.
딱따구리 아줌마라면 일기 쓰는 법을 잘 알 것 같아요.
수리수리가 물었지요.

"저, 궁금한 것이 있는데요.
일기는 어떻게 써야 하는지 아세요?"
딱따구리 아줌마는 **곰곰** 생각하더니 말했어요.
"음, 일기에는 특별한 일을 적어야지.
소풍을 간다든가…… 파티를 한다든가……
뭐, 그런 특별한 일 말이야."

그 말을 듣고 짹짹이가 더 신났어요.

"수리수리야, 우리 소풍 가자.

김밥도 싸고, 과자랑 음료수도 챙겨서 가자.

그렇게 해야 너 일기 쓰지."

수리수리도 고개를 끄덕였어요.

딱따구리 아줌마 말도 맞는 것 같았거든요.
정답인지는 모르겠지만요.
수리수리는 김밥을 싸고,
짹짹이는 간식을 챙기기로 했어요.
"짹짹아, 이따가 너희 집으로 갈게.
함께 연못에 가자."

수리수리는 열심히 김밥을 쌌어요.
따뜻한 물과 입 닦을 손수건도 가방에 넣었지요.
그때, 창문이 **덜컹덜컹** 움직였어요.
아까는 바람이 하나도 안 불었는데,
지금은 꼭 태풍이 올 것 같아요.

"어? 갑자기 왜 이러지?"

밖으로 나오니까 바람이 더 세게 불었어요.

꽃잎이 **우수수** 떨어지고, 나뭇가지도 **뚝뚝** 부러졌어요.

힘센 바람이 수리수리의 등을 떠미는 것 같았지요.

수리수리는 겨우 짹짹이 집에 도착했어요.
그런데 짹짹이가 걱정하며 말했어요.
"수리수리야, 아무래도 소풍은 못 가겠어.
바람이 그치면 그때 가자.
잠잠해질 때까지 우리 집에서 놀래?"
바람은 한밤중에나 그칠 것 같아요.
그때가 되면 짹짹이는 자야 해요.
그러니까 소풍은 다른 날 가야겠지요?
수리수리는 시무룩하게 대답했어요.
"아니야, 난 그냥 집에 갈래."

수리수리는 속상했어요.
소풍 갈 생각에 잔뜩 들떴거든요.
오늘은 꼭 멋진 일기를 쓰려고 했으니까요.
수리수리는 **터덜터덜** 집으로 돌아왔어요.

일기장을 보면서 한숨을 폭 내쉬었지요.
"어휴, 아무래도 일기 쓰기는 틀린 것 같아."
수리수리는 어질러진 부엌을 청소했어요.

밤이 깊었어요. 바람은 잠잠해졌어요.
수리수리는 창밖을 내다보았어요.
"바람이 조금 더 일찍 그쳤으면 좋았을 텐데.
나 혼자라도 소풍을 가 볼까?"
수리수리는 캄캄한 밤하늘을 휙 날아올랐어요.
하늘 높이 올라가면 아래가 조그맣게 다 보여요.
수리수리가 커다란 눈을 동그랗게 떴어요.
그때 오소리 아줌마가 보였지요.
양팔에 쿠키 바구니가 잔뜩 매달려 있었어요.

수리수리는 얼른 오소리 아줌마에게 날아갔어요.
며칠 전에는 아줌마를 도와주지 못했잖아요.
"오소리 아줌마, 제가 도와드릴까요?"
"어머나, 수리수리야. 고마워."
수리수리는 밤새 쿠키 배달을 도왔어요.
해가 뜰 때가 되어서야 집으로 돌아왔지요.
수리수리는 일기를 쓰고 잠이 들었어요.

다음 날, 짹짹이가 수리수리를 찾아왔어요.
"수리수리야, 어제 소풍 못 가서 속상했지?
일기도 못 썼겠네?"
"아니야, 짹짹아! 나 어제 일기 썼어.
쓰기는 썼는데……."

수리수리가 일기장을 가져왔어요.
짹짹이에게 보여 주려고요.
그런데 그때 구구 아저씨가 다가왔지요.
"수리수리 안에 있니?"
"네, 아저씨. 안녕하세요?"

구구 아저씨는 일기장을 보았어요.
그러더니 생각났다는 듯이 말했지요.
"아차! 너한테 일기장만 주고
일기 쓰는 법을 알려 주지 않았구나."
"그게, 어젯밤에 일기를 써 보았는데요.
이렇게 쓰는 것이 맞나요?
그냥 어제 있었던 일을 썼는데……."
수리수리는 수줍게 일기장을 펼쳤어요.

날짜: 9월 10일   날씨: 태풍이 올 것 같았음

오늘은 짹짹이랑 소풍을 가려고 했다.
그런데 바람이 많이 불어서 못 갔다.
너무 속상했다. 혼자서 밤하늘을 날다가,
오소리 아줌마를 만났다.
쿠키 배달을 도와드리니 기뻐하셨다.
나도 기분이 좋아졌다.

구구 아저씨가 **빙그레** 웃었어요.
"와! 아주 잘 썼는걸.
가만있자, 나한테 아주 좋은 것이 있어."
아저씨는 가방에서 나무로 만든 도장과
푸른색 잉크병을 꺼냈어요.
"일기를 아주 잘 썼으니, 도장을 찍어 주어야지!"

아저씨는 수리수리 일기장에
'참 잘했어요' 도장을 찍어 주었어요.
수리수리의 얼굴이 환해졌지요.
"참, 오소리 아줌마가 준 선물도 있어.
수리수리 너한테 전해 달라고 하더라."

구구 아저씨는 가방에서
예쁜 선물 상자를 꺼냈어요.
상자 속에는 쿠키가 가득했어요.
모두 달콤하고 고소해 보였지요.
"우아, 수리수리 일기장은
마법 일기장인가 봐.
일기를 쓰니까 칭찬 도장도 받고
맛난 쿠키도 생기잖아. 수리수리 마수리!"
짹짹이가 수리수리보다 더 신나서
호들갑을 떨었답니다.

책곰이랑 배워 볼까?

수리수리가 일기 쓰기를 알아 가는 이야기 어땠니?

일기를 썼더니 칭찬 도장에 맛있는 쿠키 선물까지,

짹짹이 말대로 수리수리 일기장은 마법 일기장인가 봐.

친구들은 일기 써 본 적 있어?

책곰이는 기억하고 싶은 일이 있을 때는 꼭 일기를 쓰려고 해.

이번에는 특별히 일기 쓰는 방법을 함께 알아볼까?

먼저 책에서 어려웠던 단어부터 살펴보자.

1) 그런데 바닥에 **널브러진** 옷과 모자, 엉망이 된 옷장이 보였지요.

수리수리는 짹짹이 말대로 밤에 일기를 쓰려고 했어. 그런데 쓸 것이 떠오르지 않아. 괜히 딴짓만 하게 되지. 친구들도 하기 싫은 숙제를 할 때 그렇지 않아? '널브러지다'는 물건이 여기저기 아무렇게나 흩어져 있는 것을 말해. 가끔 힘이 없으면 바닥에 널브러진 옷처럼 눕게 되지? 그럴 때 사람한테도 '널브러지다'라는 말을 쓴단다.

2) "**잠잠해질** 때까지 우리 집에서 놀래?"

짹짹이와 소풍 갈 준비를 다 했는데, 하늘이 도와주지 않네. 짹짹이는 날씨가 좋아지면 소풍을 가자고 했어. '잠잠해지다'는 움직임이 없어지고 조용해진다는 뜻이야. 바람이나 파도가 약해지면 주변이 잠잠해지지.

3) 소풍 갈 생각에 잔뜩 **들떴거든요.**

집으로 돌아온 수리수리는 너무 속상했어. 소풍을 다녀와서 일기를 쓰려고 했으니까. '들뜨다'는 '잠잠해지다'와 반대야. 가슴이 두근거리고 분위기가 방방 뜰 때 쓰는 말이지. 친구들도 현장 학습을 가는 날에는 마음이 들뜨지 않아?

4) "어휴, 아무래도 일기 쓰기는 **틀린** 것 같아."

수리수리가 말하는 '틀리다'는 문제의 답을 잘못 썼다는 말이 아니야. 하려는 일이나 바라던 것이 뜻대로 되지 않는다는 뜻이지. 한마디로 일기를 못 쓸 것 같다는 말이야. 포기하지 마, 수리수리야. 속상한 일이 지나가고 나면 즐거운 일이 생길 거야.

5) 짹짹이가 수리수리보다 더 신나서 **호들갑을 떨었답니다.**
수리수리는 일기를 써서 도장도 받고, 선물도 받았어. 짹짹이는 수리수리 일기장이 마법 일기장 같다면서 신나게 떠들었지. '호들갑을 떨다'는 시끄럽게 마구 떠들고 까불거린다는 뜻이야. 같이 기뻐해 주는 친구가 있어서 수리수리는 행복하겠다. 그렇지?

일기 어떻게 써?

수리수리는 일기를 어떻게 써야 하는지 여기저기 물어보고 다녔어.
그때 짹짹이, 꽉꽉이, 딱따구리 아줌마가 들려준 이야기를 하나하나 떠올려 볼까?

짹짹이 "일기는 밤에 쓰는 거야."
자려고 누우면 오늘 있었던 일이 영화처럼 머릿속에 떠오를 때가 있지? 밤에는 잠자는 일만 남아 있으니까, 조용히 하루를 정리해 볼 수 있어. 그래서 짹짹이가 일기는 밤에 쓰는 거라고 이야기한 거야.

꽉꽉이 "먼저 일기에는 그날의 날짜와 날씨를 써야 해."
일기는 오늘 있었던 일을 정리하고 중요한 것을 기억하려고 쓰는 거야. 그러니까 오늘이 몇 년 몇 월 며칠인지, 날씨는 어땠는지 같이 적어 봐. 그러면 나중에 일기를 보면서 그날 있었던 일을 떠올리기가 더 쉽겠지?

 **딱따구리 아줌마** "일기에는 특별한 일을 적어야지."
꼭 소풍이나 파티가 아니어도 괜찮아. 그날 있었던 일 중에서 가장 기억에 남거나 꼭 기억하고 싶은 일을 쓰고 그리면 돼. 그리고 그 일이 나한테 왜 중요한지, 어떤 생각이나 느낌이 들었는지를 적는 거야.

 오늘의 일기를 써 볼까?

제목:　　　　　　　　　　날짜:　　　　　　　　　날씨:

 ## 자녀의 읽기 독립을 돕는 부모님께

어떤 마음으로 자녀의 읽기 독립을 기다리시나요?

우리가 삶의 단계마다 새로운 경험치를 쌓듯이, 독자가 자라면 독서 경험도 달라져야 합니다. 그림책을 보다가 글이 많은 책을 만나게 되는 초등 저학년 시기는 순조로운 전환이 필요한 첫 단계입니다. 그게 어려워 독서 동기가 떨어지고 책을 멀리하게 되는 어린이가 꽤 많아요.

이 시기에는 아이에게 재미있는 이야기책을 선물해 주세요. 책의 내용도 흥미로워야 하지만, 낱말과 문장이 섬세하게 설계된 책이어야 합니다. 큰 힘을 들이지 않고도 술술 읽히는 책을 한 권씩 읽어 내면서 아동의 '읽기 효능감'이 점점 자라납니다.

문해력 발달의 빈익빈 부익부 현상을 마태 효과(Mattew Effect)라고 해요. 초등 저학년 때 잘 읽는 아이가 고학년, 청소년, 성인이 되어서도 문해력이 좋습니다. 어릴 때 읽기에 자신감이 있으면, 같은 시간 동안 더 많은 책을 더 즐겁게 읽게 되고 그 결과, 읽기 능력이 더 좋아지거든요.

그런데 자녀가 혼자서 책을 읽을 수 있게 되었다고 해서 "읽기 독립 만세!"를 외치고 말 일이 아닙니다. 아이가 무슨 책을 어떻게 읽고 있는지 관심을 가지고 계속 지켜봐 주세요. 부모님도 가끔은 어린이책을 함께 읽으며 내용에 관해 이야기 나눠 주시는 게 최선의 지도입니다.

특히 초등 저학년 시기에는 아이가 소리 내어 책 읽는 연습을 꾸준히 하도록 도와주시고, 이따금 부모님이 책을 읽어 주는 것도 추천합니다. 어른이 느낌을 살려 유창하게 읽는 것을 들으며 아동의 '읽기 유창성'이 더 발달하기 때문이에요. 읽기 유창성이 좋은 아이가 독해도 잘하게 됩니다.

어릴 때부터 아이에게 독해 문제집을 풀라고 강요하지 마시고, 아이 스스로 책 한 권을 다 읽어 내는 능력과 참을성을 기르도록 도와주세요. 조각난 지문만 읽으며 문제 풀이 요령부터 익히는 것이 아니라, 독서의 재미를 깨닫고 책 한 권을 전체적으로 이해할 수 있어야 진짜 문해력이 쌓입니다. 그런 문해력이 평생 공부의 밑거름이 됩니다.

서울대학교 아동가족학과 교수 **최나야**

678 읽기 독립 008
일기 어떻게 써?

ⓒ 송승주, 강혜영 2024

초판 1쇄 발행 2024년 8월 28일 초판 2쇄 발행 2025년 1월 17일
ISBN 979-11-5836-475-5, 979-11-5836-404-5(세트)

펴낸이 임선희 **펴낸곳** ㈜책읽는곰 **출판등록** 제2017-000301호
주소 서울시 마포구 성지길 48 **전화** 02-332-2672~3 **팩스** 02-338-2672 **홈페이지** www.bearbooks.co.kr
전자우편 bear@bearbooks.co.kr **SNS** Instagram@bearbooks_publishers

책임 편집 우진영   **책임 디자인** 이설
편집 우지영, 이다정, 최아라, 박혜진, 김다예, 윤주영, 도아라, 홍은채 **디자인** 김지은, 김은지, 윤금비
마케팅 정승호, 배현석, 김선아, 이서윤, 백경희 **경영관리** 고성림, 이민종 **저작권** 민유리
협력업체 이피에스, 두성피앤엘, 월드페이퍼, 원방드라이보드, 해인문화사, 으뜸래핑, 문화유통북스

이 책은 저작권법에 따라 보호받는 저작물이므로 무단 전재와 무단 복제를 금합니다.
이 책 내용의 전부 또는 일부를 사용하시려면 반드시 저작권자와 출판사의 동의를 얻어야 합니다.

KC마크는 이 제품이 공통안전기준에 적합하였음을 의미합니다.
제조국 : 대한민국 | 사용 연령 : 3세 이상
책 모서리에 부딪히거나 종이에 베이지 않도록 주의해 주세요.